Dieses Buch gehört:

Rainer Wolke

Zweikampf um den Ball

Paule und seine Fußballfreunde

Lesen lernen

Leseanfänger

1. Klasse

Klett Lerntraining

Bibliografische Information der Deutschen Nationalbibliothek
Die Deutsche Nationalbibliothek verzeichnet diese Publikation in der
Deutschen Nationalbibliografie; detaillierte bibliografische Daten sind
im Internet über http://dnb.dnb.de abrufbar.

1. Auflage 2016

© 2016, DFB
Offizielles Lizenzprodukt des Deutschen Fußball-Bundes, hergestellt durch PONS
GmbH, Klett Lerntraining, Stöckachstraße 11, 70190 Stuttgart.

© Klett Lerntraining, c/o PONS GmbH, Stuttgart 2016. Alle Rechte vorbehalten.
www.klett-lerntraining.de
Teamleiterin Grundschule und Kinderbuch: Susanne Schulz
Redaktion: Jette Maasch, Julia Maisch
Umschlaggestaltung und Layout: Sabine Kaufmann, Stuttgart
Autor: Rainer Wolke
Illustrationen: Julian Jordan, Iñigo Moxo/Comicon, Barcelona
© 2014, DFB, Story- und Lizenz-Styleguide, Paule und seine Freunde
Satz: tebitron gmbh, Gerlingen
Druck: Aumüller Druck GmbH & Co. KG, Regensburg
Bindung: Conzella Verlagsbuchbinderei Urban Meister GmbH & Co KG, Pfarrkirchen
Printed in Germany
ISBN 978-3-12-949401-1

Schlechte Stimmung 4

Ein guter Vorschlag 10

Der Wettbewerb 16

Die Entscheidung 22

Paules Fußball-Quiz 28

Paules Lese-Pass 32

Schlechte Stimmung

Paule und seine Freunde
sind auf dem Bolzplatz.
Sie spielen Fußball.
Schon den ganzen Nachmittag.

Plötzlich liegt Franzi am Boden.
„Foul! Foul!",
ruft sie und zeigt auf Winnie.
Winnie schüttelt den Kopf.
„Ich habe nur den Ball gespielt!",
protestiert er.

Genervt spielt Franzi weiter.
Da rennt Winnie
auf das Tor zu.
Schnell wirft sich Franziska
in den Schuss.

Der Schuss prallt
an ihrem Bein ab.
Franziska freut sich.
Im hohen Bogen fliegt der Ball
über das Spielfeld
und landet im Gebüsch.

Keiner der Freunde rührt sich.
„Der Schütze holt den Ball",
erklärt Katy.
„Also Winnie",
stellt Franziska fest.

Winnie schüttelt den Kopf.
„Mein Schuss
ist auf das Tor gegangen",
erwidert er schnell.
„Franziska hat den Ball
abgefälscht!"

Ein guter Vorschlag

Der Streit ist in vollem Gange.
Franziska und Winnie
setzen sich auf den Platz.
Keiner der beiden
will nachgeben.

Also greift Paule ein.
„He, Leute", beginnt er.
„Wir alle würden
gerne weiterspielen!
Wer holt jetzt den Ball?"

Franziska zeigt auf Winnie.
„Er natürlich!", sagt sie motzig.
„Nee!",
antwortet Winnie bockig.
„Du! Das ist ja wohl klar!"

Paule überlegt.
„So wird das nichts",
stellt er fest.
Da meldet sich Emil.
„Ich hätte da eine Idee",
sagt er geheimnisvoll.

„Wir machen
einen kleinen Wettbewerb",
schlägt Emil vor.
Er erklärt weiter:

„Es gibt drei Aufgaben.
Der Verlierer holt den Ball."
Alle sind einverstanden.
Auch Winnie und Franziska.

Der Wettbewerb

„Es geht los mit Liegestützen",
verkündet Henri.
Winnie und Franziska stöhnen.
„Muss das sein?", fragt Franzi.
Henri nickt.

Winnie ist schon auf dem Boden.
Also macht auch Franziska mit.
Ächzend drücken sie sich
nach oben.
„Eins – zwei – drei – vier!"
Die anderen zählen laut mit.

Nach der sechsten Liegestütze
gibt Franziska auf.
Winnie schafft noch zwei mehr.
„Gewonnen!",
jubelt er laut.

Emil schreibt bei Franziska
eine Null auf.
Bei Winnie eine Eins.
„Jetzt folgt
die zweite Aufgabe",
verkündet Benni.

„Jetzt ist Weitsprung dran!",
fällt Benni ein.
Er nimmt ein Stück Kreide,
und malt eine Linie.
Winnie nimmt gleich Anlauf.
„3 Meter 48", misst Katy.

Franziska schnauft tief durch.
Sie läuft auf den Absprung zu.
Dann springt sie mit voller Kraft.
„3 Meter 56",
verkündet Emil.
„Es steht also eins zu eins."

Die Entscheidung

„Jeder von euch hat bisher einmal gewonnen", erklärt Emil.
„Die letzte Aufgabe muss also entscheiden."

Jetzt ist Paule dran.
„Zum Schluss
gibt es einen Wettlauf",
schlägt er vor.
„Einmal um den Bolzplatz.
Wer als Erster wieder hier ist,
hat gewonnen."

Franziska und Winnie
gehen an den Start.
Paule zwinkert Emil
und den anderen zu:
„Auf die Plätze, fertig, los!"

Franziska und Winnie laufen,
so schnell sie können.
Beide wollen gewinnen.
Als sie an das Gebüsch kommen,
in dem der Ball liegt,
sind sie gleichauf.

„Wo ihr schon mal da seid,
bringt doch gleich
den Ball mit!",
ruft Paule ihnen zu.

Franziska und Winnie
bleiben stehen.
Beide müssen lachen.
Der Streit ist vorbei.
Jetzt wird endlich wieder
Fußball gespielt!

Paules Fußball-Quiz

1 **Was machen Paule und seine Freunde am Anfang der Geschichte?**

W ⊗ Fußball spielen
A ○ Hausaufgaben
L ○ das Baumhaus reparieren

2 **Wer liegt beim Kicken plötzlich am Boden?**

P ○ Benni
O ○ Paule
E ⊗ Franzi

3 **Was passiert, als Franzi sich in Winnies Schuss wirft?**

W ◯ Sie verletzt sich am Knie.
U ◯ Winnie verstaucht sich den Knöchel.
I ⊗ Der Ball fliegt ins Gebüsch.

4 **Wieso streiten sich Winnie und Franzi?**

D ◯ Beide wollen im Tor stehen.
T ⊗ Keiner möchte den Ball holen.
B ◯ Keiner möchte auf die Ersatzbank.

5 **Warum muss der Ball aus dem Gebüsch geholt werden?**

S ⊗ Die Freunde möchten weiterspielen.
P ◯ Es ist Paules wertvollster Fußball.
H ◯ Der Ball ist nur geliehen.

6 Was schlägt Emil vor, um den Streit zu beenden?

G ○ ein klärendes Gespräch
P ⊗ einen Wettbewerb
J ○ ein Eis essen gehen

7 Welches ist die erste Aufgabe?

V ○ Weitwerfen
K ○ Hochsprung
R ⊗ Liegestütze

8 Wie weit springt Franzi?

U ⊗ 3 Meter 56
M ○ 1 Meter 52
D ○ 2 Meter 27

9 **Wie lautet der Punktestand nach der zweiten Aufgabe?**

T ○ zwei zu null für Winnie
C ○ zwei zu null für Franzi
N ⊗ unentschieden

10 **Paule schlägt Franzi und Winnie ein Wettrennen vor, weil ...**

G ⊗ ... beide dabei am Ball vorbeikommen und ihn holen können.
T ○ ... er weiß, dass Winnie diese Aufgabe gewinnen wird.
M ○ ... er sehr gerne bei Wettrennen zusieht.

Mach mit beim großen Paule-Gewinnspiel!

Hast du das Lösungswort gefunden?
Hier kannst du es eintragen:

W E I T S P R I N G

Schicke uns dein Lösungswort und gewinne mit etwas Glück ein offizielles Spiele-Set mit Paule und der Nationalmannschaft für die ganze Familie!

3D-Puzzleball: Die National-mannschaft 2016

Das kannst du gewinnen*

Paule Memo

Monopoly: Die National-mannschaft 2016

Produktabbildungen sind teilweise vorläufig

Schicke dein Lösungswort (per Mail oder Post) an:
PONS GmbH
Klett Lerntraining, Marketing
Kennwort: „Paule"
Stöckachstraße 11
70190 Stuttgart

oder an: lerntraining@klett-lerntraining.de

*Verlost wird jedes Jahr 10 x ein Set aus offiziellen Spielen mit der Nationalmannschaft und Paule. Einsendeschluss ist der 30.11. jeden Jahres, letzter Einsendeschluss ist der 30.11.2017, die Verlosung findet jeweils zum Ende des Jahres statt.
Teilnahmebedingungen:
Die Teilnahme ist kostenlos. Die Gewinner werden per Los ermittelt und schriftlich benachrichtigt. Mitmachen können alle, außer Mitarbeiter der Klett-Firmengruppe oder deren Familienangehörige. Die Teilnahme Minderjähriger ist nur mit Einwilligung der Erziehungsberechtigten zulässig. Der Rechtsweg ist ausgeschlossen. Es erfolgt keine Barauszahlung der Gewinne. Veranstalter ist die PONS GmbH, Klett Lerntraining, Stuttgart.

Unterschrift eines Erwachsenen

Ich habe 10 Minuten gelesen am ...

Unterschrift eines Erwachsenen

Ich habe 10 Minuten gelesen am ...

Name:

Paules Lese-Pass